DRAGON BALL

龙珠

卷三十四　超越悟空的战士

鸟山　明

出场人物介绍

布尔玛

孙悟空

孙悟饭

库林

沙鲁

人造人16号

特兰三克斯

贝吉塔

前情简介

很久很久以前，地球上散落着七颗神奇的龙珠，传说只要聚齐它们，神龙就会出现，并可以为人实现一个愿望。为了寻找龙珠，孙悟空等人踏上了奇妙的寻珠之旅。经历了许多危险之后，终于集齐的龙珠却被抢走了。为了不让龙珠被坏蛋利用，悟空他们只好许了个无聊的愿望。神龙实现一个愿望之后，必须经过一年才会再次出现。利用这段时间，悟空去了龟仙人那里拜师学艺，而后又踏上寻找龙珠的旅程，并在天下第一武道会上本得了冠军。后来，围绕龙珠展开了一场大争夺战。悟空变身成最强战士超级赛亚人，从而获得了胜利。三年后，以杀死悟空为目标的三个人造人和想成为「完全体」的沙鲁出现了。沙鲁在成为完全体后，举办了沙鲁游戏。悟空他们齐聚会场，沙鲁首先向悟空挑战！

DRAGON BALL 34

超越悟空的战士

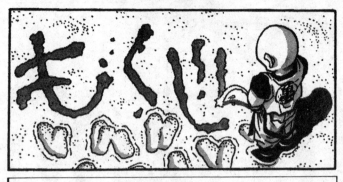

龙珠
DRAGON BALL

第三百九十七回
沙鲁对悟空！

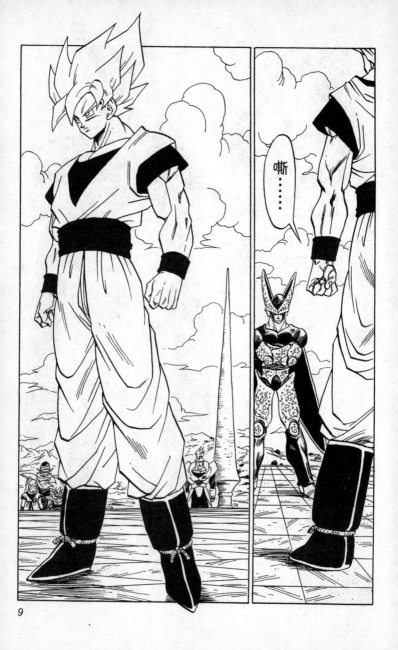

9

沙……

咯咯!

一开始就由你来吗?

我本打算把最精彩的留在最后呢……

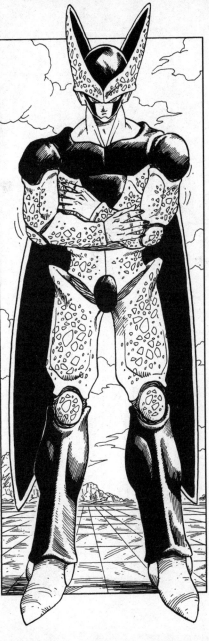

沙……

终于可以知道悟空为什么那么有信心了……

各位国民请放心，刚才撒旦先生只是不小心跌下擂台……等他稍微休息一下，就会继续和沙鲁战斗！

……

11

撒旦选手休息期间，那群来路不明，不听我们忠告的人中的一个，似乎想要上场战斗。

不必理会！白痴始终是白痴。

撒旦先生，请谈谈您对那位无名选手的看法！

嘿！不值一提！看看他的身形和姿势，就知道他根本不懂武术！

这家伙要是和我比武，两秒钟内必然落败。他这么做真是荒唐！

动手吧！

哈哈哈！

也许他在五秒钟内就会被沙鲁摆平！唉！看来我休息的时间相当短暂了。

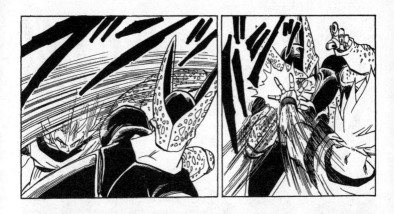

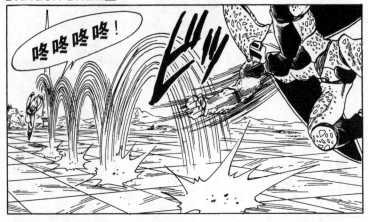

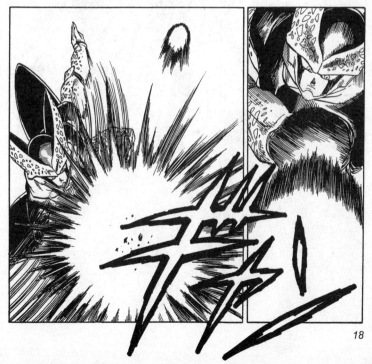

热身运动可以结束了吧!

请继续欣赏:第三百九十八回 孙悟空的力量

那……那位无名选手的身手……似乎……非常厉害……撒旦先生，您怎么看……

要开始真正的决斗了！

凑合吧！尽管比想象的强一点儿，但他已经很勉强，到达极限了！

啊！

呃？

呃？

这家伙，厉害得难以想象……只要稍不留神，便会被他击倒……

孙悟空……果然身经百战，其他家伙无法与他相比……

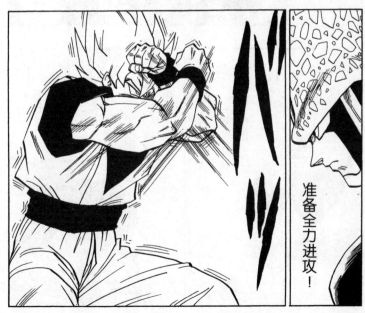

这……这就是他现在的……真实力量……

厉……厉害！悟空的实力果然非同一般……

……

好惊人的气！悟空……果然有了更大的突破！

确实很强，不过……

大家为什么……如此惊讶？

刚……刚才究竟发生什么事了

忽然间像爆炸一样……那位无名选手……身上好像是着火了一样……

哼哼！

这种特技好像很流行呀，无聊……

沙……沙鲁也……和他一样……

嚓……

动手呀！

好！

沙……

32

……

好极了，孙悟空！

就是这样！
实力相当的战
斗才过瘾！

没错……

我也有这
种想法！

请继续欣赏：第三百九十九回　最高水平的决战

惊愕……

啪……

哎！刚才的场面拍下来了吗？

开玩笑！那么快怎么可能拍得到？

也是……

……

撒旦先生，他们的速度是不是很惊人……

唔……还凑合！

沙……

嗯！

呀！

龟……

住手！

当力量爆发到这种程度时，使用龟派神功……

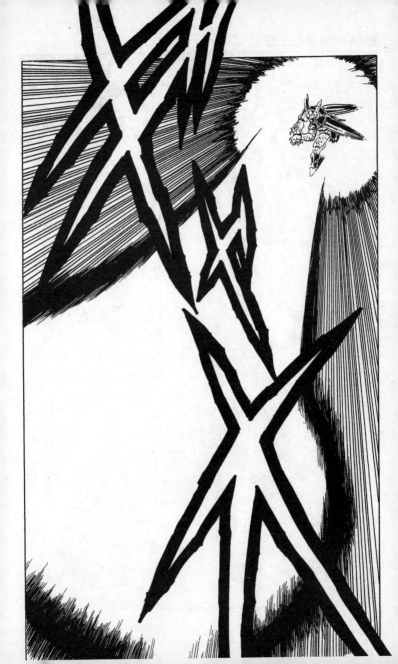

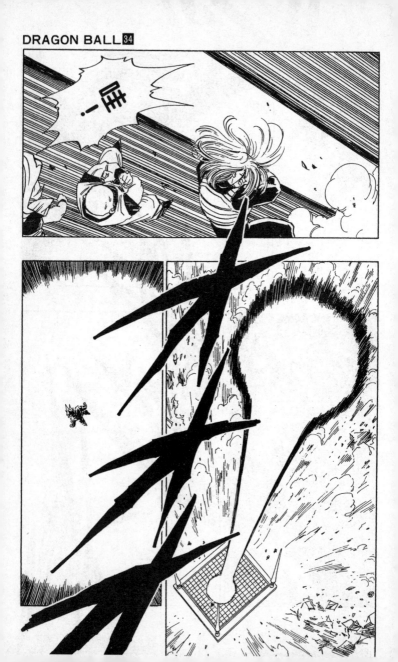

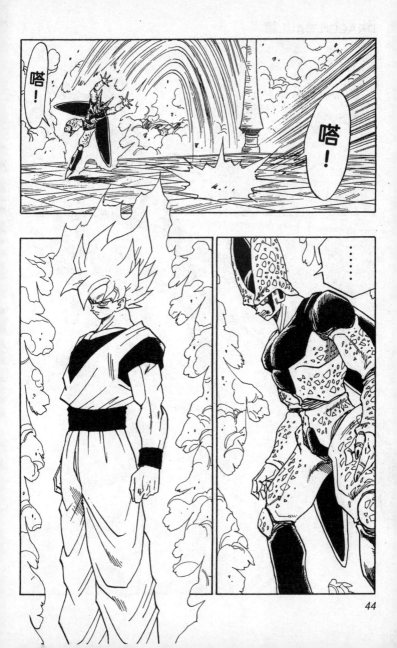

44

吓！

怎么会这样？那招龟派神功明明打中你了……

以前你也突然间出现和消失过……

我也有件事想问你……

如果我没跳到空中，你会击出龟派神功破坏地球吗？

这一招的确不好应付！

嗯……

瞬间转移

是瞬间转移！

……你会吗

不过，我知道你一定会跳到空中的！

那就不一定了……

看来你很聪明呀……

是吗？

……

不过，我想先声明一点……我并不想破坏地球！那只会让游戏索然无味！

嚓……

!?

46

请继续欣赏：第四百回 失败就要死！

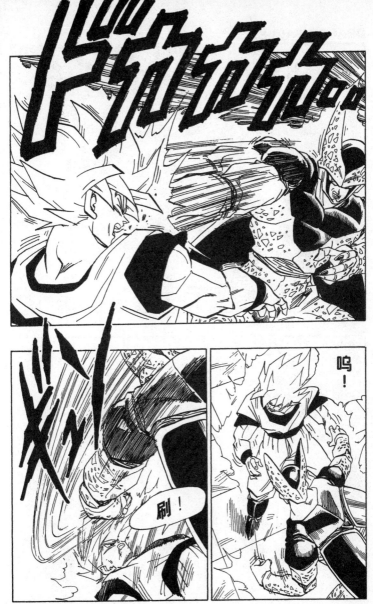

他……他们去哪儿了？

哇……

他们的速度好快呀……

你确实非常厉害！

说真的，我没想到跟你战斗会这么痛快！

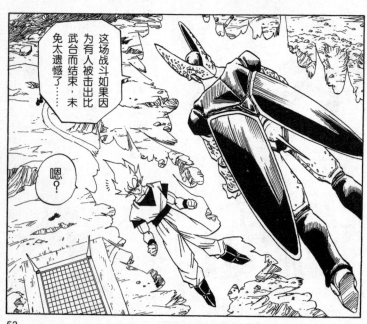

这场战斗如果因为有人被击出比武台而结束，未免太遗憾了……

嗯？

被击出比武台就算输的规则……

沙……

取消！

那已经没有任何意义了！

啊？你又想干什么？

哼！

大家……快离开比武台！

真危险！

唔！

你们快走吧！免得碍事！

呃……

谢谢……

谢谢……

不过，我们还是站远点儿，看得清楚！

当然！

啊，那是

是吧？

那怎么行！撒旦先生一会儿还要出场呢！

……

啪！

啪！

降由出来是这
一投样
定降……原
要或来
以死是
亡这
来样
分

这们这
样的样
一比一
来武来
，台，
整！整
个个
大大
地地
都都
是是
我我

胜是胜
负死负
之亡之
分！分
就就
在在
于于
投投
降降
或或

好台我我好
了吧们们了
！！好好！
好好
地地
利利
用用
这这
个个
宽宽
阔阔
的的
比比
武武

嘿
！

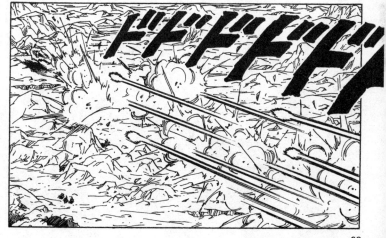

呀！

派……

龟……

哈哈哈哈！最好别从那个位置发出龟派神功！

地球会完蛋的！

你……

哎！

神……

第四百零一回

龟派神功的威力

龟派神功！

难道悟空想用尽全力击出龟派神功吗？

你到底想
怎样？

你绝不会
出手的……

不会的！

如果从那个
位置击出，地球
会被毁掉的！

怎么会？

……

他的确是要
击出！

沙！

糟⋯⋯

糟糕⋯⋯

哈哈！
是瞬间
转移！

太棒了！
太棒了！

嘿！杀死
沙鲁了！
哈哈……

为什么
不高兴？

怎么？

厉……厉害
呀！撒旦先
生，沙鲁好
像被那小子
解决了！

……

……

72

然然有强大的气！

身体已经被打成这样了，但仍

为什么

……

呼！

呼！

悟……干得不错！

不过，很可惜！我本来打算亲自结果他的！

什么？

悟空！小心！沙鲁可能复活了！

嗒！

噜！

!!

啪！

哇！

啊……他又活了！

咯滋咯滋

原来你有再生的能力……

不错！跟比克一样

嗯！我还奇怪怎么能赢得这么轻松！

但是，承受重击后，你的气已大大减弱！

哼！你也一样！呼吸急促了吧！

我告诉你！不要再用同一招，不管用了！

同样的攻击只会消耗体力，让这场战斗变得毫无乐趣！

是吗？

我明白！

76

请继续欣赏：第四百零二回　孙悟空的行动之谜

呃！

呀啊啊啊
啊……

呀呀呀呀
呀……

哇！

呼！

呼！

呼！

呼！

呼！

呼！

嗯……

真……

真厉害呀

竟然逼我用上了防护罩……你的进攻的确很厉害！

这下我受的伤可不轻呀！

这……这是在演电影吗？

呃……

老头子，那个人不是琪琪的丈夫吗？瞧！他是不是最近染了头发……

咦……很像呢！

他总是穿那么奇怪的衣服……

哎呀！可惜！

就差一点点！

只差一点儿吗？

但表面看来是实力相当，沙鲁似乎比悟空轻松多了……

哦？真的吗？

悟空赢不了……

而且，我觉得他明知道自己赢不了，却还在继续战斗……

他究竟想干什么……

呼……

呼……

唔？

你的体力已经大大下降了！

孙悟空，你最好吃颗仙豆！

这样战斗才会更有趣！

呼！

呼！

呼！

呼！

把仙豆给悟空，然后我们一起攻上去，一定会赢的！

他说得对！

……

呼啊！

呼啊！

库林！快拿仙豆……

不行！特兰克斯！

你连一点儿赛亚人的骄傲都没有吗？

我想卡卡罗特宁可选择死，也不会同意用那种方法取胜！

你要明白，现在的他并不只是为了地球而战！

但是……这样下去……

是……他可能会输

86

尽管不甘心，但我不得不承认，经历那么艰苦的修炼，我仍然无法超越卡卡罗特！他是天才……

但沙鲁比他还强……

那你的意思呢？

难道袖手旁观吗？

你不是也认为他会有什么特别的作战计划吗？

我们只能期待了！

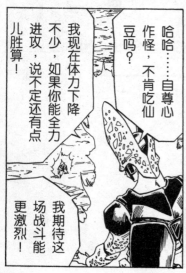

哈哈……自尊心作怪，不肯吃仙豆吗？

我现在体力下降不少，如果你能全力进攻，说不定还有点儿胜算！

我期待这场战斗能更激烈！

90

啊！撒旦先生，您又有机会出场了！

呜……

!!

这回您要狠狠地收拾那个家伙！

好！我要让他见识一下！

我真想教训那个家伙……

可是实在没有办法……

痛死我了！

我不甘心哪……

……

哎哟！

我肚子好痛

撒旦先……生……

你确定要投降吗？

那么，我可以指定下一个出场应战的人吗？

他到底想怎样？

没有人是沙鲁的对手！

接下来的比赛将是沙鲁游戏的终结！

如果他也败了，就没有人能胜过你了！

……究竟是谁啊！我都急死了！

但是……我想……

从刚才我们的较量来看，他能打败你！

什么？

所以我才投降，让他来应付一切。

是的！

这么说，那个家伙不仅超过你，而且比我都强了？

哈哈哈哈……

那么，这个根本不存在的家伙是谁？说吧……

难道他是指我吗？

哎！告诉他我肚子痛得要死，不能作战！

他马上要说出那个人的名字了！

沙！

什……

什么……

啊？

……

他说轮到什么饭出场了

这家伙在胡说八道些什么？

难道要让自己的儿子去送死吗？

饭？嗯！他一定是说先休息一下吃个盒饭……

这种关头，他倒挺放松……

啪!

嗒!

可以出战吧?

悟饭!

我……和沙鲁?

……开玩笑呢!我以为是谁原来是孙悟饭!

悟空,你少胡来!他肯定打不过沙鲁!

悟饭现在的实力的确令人吃惊,但对手是连你也敌不过的沙鲁啊!

可事情太突然……

但是，虽然他已经变成超级赛亚人……

不信可以问他本人。

在「精神时光屋」中，他潜在的力量已经开始释放了！

比克，悟饭的潜力远远超出我们的想象！

你想想，他从很小的时候开始就和我们一同作战……比起同龄时期的我强很多……

悟饭，你有没有觉得刚才爸爸和沙鲁的战斗非常激烈，让你眼花缭乱？

……

不……不觉得！

因为你们好像都没有竭尽全力！

……

沙鲁怎样我不清楚，但爸爸确实尽全力了。

也就是说，你认为爸爸是手下留情了，对吗？

啪！

呀！

沙鲁！

呼

呼

笨蛋！你在干吗？

那是仙豆，你吃了吧！

啪！

蠢货！还要假装清高！

难道不明白这会要了你的命？

这么危急的时刻，管什么公不公平！

他不公平！

这样的战斗对他不公平！

他的体力已经消耗了不少。

哈啊！

第四百零四回　前进！超级孙悟饭

那……那是悟饭吗？

那个……稚气未脱的悟饭？

那个小鬼……战斗力怎么那么强……难以置信！

我送你去见阎王！

好好反省吧，孙悟空！你的失误会让你儿子送命的！

孙悟空……

似乎不是在胡说八道……

但要想战胜我，未免太可笑了！

啪！

嗖————

……别太狂了

乳臭未干的小鬼……

沙！

你真走运！刚看到真正的恐怖就死了……

嘿啊！

刷！

嚓！

难道你只是速度快吗？

不知死活的小矮子……

嗨！

嗨！

哼！

ガラガラ ズズズ……ン

他了……

呵呵……两招就解决

似乎出手太重了……

好……好……厉害！

悟……悟饭……

琪琪！

咻！

你没事吧？

怎么回事？一个乳臭未干的小孩子竟敢向沙鲁挑战……年纪轻轻……就这么死了……

……………

悟空……这全怪你……你低估了敌人的实力……你就不该让悟饭上场！

是真的！

啊……

先别激动，比克！悟饭的气一点儿也没减弱呀！

悟饭是你害死的！

118

超级大笨蛋！

往你后面看
看吧！

看吧！

看到了吧！
孙悟空！很

刺激吧！

快去吃仙豆，
再来跟我打！

什么？

你这个小鬼……

……倒是挺顽强的……

我劝你……停手吧！这样的战斗继续下去，没有价值……

对我来说相当有趣……对你们来说是为了拯救地球……

沙鲁游戏没有意义？

哈……你说什么？

嗯？

即使是你这么
可恶又可怕的
人也……

我真的不想再打
下去……我不想
杀人……

悟饭那小子……
在说什么?声音
太小了,完全听
不清楚……

我不像爸爸
那样喜欢战
斗……

但不懂
你在说什么……
不想杀我!

我很清楚你
并不喜欢战
斗……

爸爸说只有我才能打倒你……

我……有些明白了

我……开始

告诉你吧，再给你一百年时间，你也杀不了我！明白吗？

唔……

……

小的时候……我只要一愤怒，就会激发出超越自己意志的力量……

所以……爸爸……一定早就知道了……

啊？

你失败了！

122

你以为我会相信你那套鬼话吗？

你越是这么说，我越想激怒你！

第四百零五回　孙悟饭的愤怒

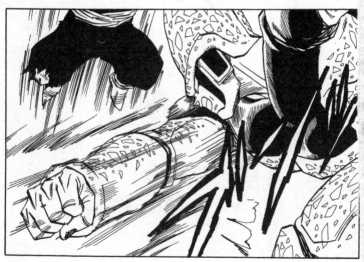

嚓！

哈，沙鲁被打翻在地！

嗯……

……

嚓嚓……

哼……

你……我会用尽所有办法激怒

嘿……

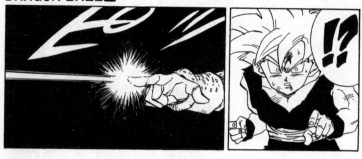

嘿
！

啪啪啪啪！

这……这是……弗利萨的招式！

咕咕////

咯咯////

滋滋////

啊……

呀呀……

啊……

被折磨得这么凄惨，你还不想战斗吗？

怎么，有什么可犹豫的？你的骨头快要断了！

呜呜啊啊……

呜……

怎么样？痛得难以忍受吧？

愤怒啊！你也不想就此死掉吧！

等一下！比克，你绝对不是沙鲁的对手！

再等一会儿！一会儿就！

我已经忍无可忍了！

悟空！无论如何，我也要去助悟饭一臂之力！

等……这算什么？

你要等到悟饭被杀死吗？

是等悟饭

愤怒……

只要愤怒，他就能展现出真正的实力，令所有人震惊……

……

只有靠悟饭这股力量了……

对付沙鲁

啊？

那小子……有这么大的力量……

啊呀……啊啊……

你还不愤怒？是不是很痛？快愤怒啊！

咯咯……

悟空……你错了……悟饭跟你不一样，他根本不喜欢打斗……

你跟悟饭谈过你的作战策略吗？他知道吗？

悟饭此刻心里怎么想，你知道吗？

那不是愤怒！他在想，我这么痛苦，爸爸为什么不来救我……

……

难道一个公平战斗的虚名，比自己孩子的性命还重要吗？

不要忘了，就算他的实力已经无人能及，但他始终只是个孩子……

我要去救他，即使死了也无所谓！

咚！

库林！给我仙豆！

是！

呼啊！
呼啊！

呼啊！
呼啊！

……

!?

好顽强的小子……

看来，自己的疼痛无法激怒你……

呼！

那我就去跟你的同伴玩一玩吧！

!!

 请继续欣赏：第四百零六回　16号的秘密武器

就是因为你愚蠢的忍耐，你的同伴才会遭殃！

只要能激怒你，让你展现出真正的力量，我怎么样都可以！

你……你想怎么样？

哼！

所以我才利用你的同伴，帮助你愤怒呀！

我也没办法控制自己的愤怒啊！……所以

住手！

可恶……

可恶，要是早点儿把仙豆吃了就好了！

大家小心！他要行动了！

既然愤怒了，就应该愤怒得彻底些！

嗯？

144

咔！

16号！

他……什么时候过去的！

因为他是机器人，我们感觉不到他的气！

请原谅，连累你们一起牺牲了！

我要和沙鲁一起爆炸！

16号想和沙鲁对抗！

他绝对不是沙鲁的对手！

啊……

什么?

什……

这是隐藏在我体内的,最后的武器!

不管你们有多厉害,在这样近的距离之下都会被炸得粉碎!

呀—

唔!

咔！

哇！

咚！

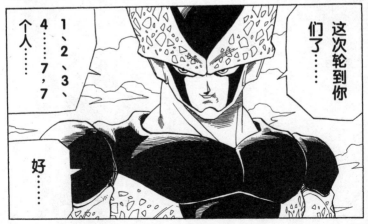

这次轮到你们……

1、2、3、4……7，7个人……

好……

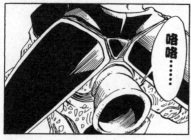

沙鲁少年们，上啊！那边岩石上的7个人就是你们的猎物！狠狠地修理他们！可以把他们都杀死！

那……那是什么？

小心啊！他们十分厉害！

没用的！你们绝对赢不了他们！

他们虽小，但都源自我的力量！

 请继续欣赏：第四百零七回　沙鲁少年的地狱

停……
停手……

除了特兰克斯，
其他人已经不能
再用龙珠复活了

嘻嘻!

呀!

气开始增
强……

好啊！你终于开始
愤怒了……

哦！

如果你再不
愤怒，后果
就不堪设想
了！

你要知
道！只有贝
吉塔和特兰
克斯能勉强
应战……

耗力太多
的孙悟空
也非常危
险……

啪！

ガガ

啊呀呀呀！

哇呀！

我……

这些小矮子竟然把

好厉害

嘿呀！

的……

事情本不

该……这样

我……真对不

起大家！

大家……会没命的！

如果我真的拥有潜藏

的力量……就让它发

挥出来吧！

我希望……

利用它打倒

沙鲁！

但是……我不知

道怎么才会愤怒

……才能展现这

力量……

趁现在，快溜啊！

这下可糟了……

这是什么？

哎呀呀呀

在你们走之前，请把我带到那个小孩身边……

拜托了……为了……整个地球……

等……等一等！

啊？

你……你也想尽一份力吧？

身为……世界武术冠军……

别……别逗了……沙鲁就在那小孩旁边呢！

……

撒旦先生是人类的冠军，他管不了你们这些怪物之间的事！

撒旦先生！还是别管了，您会没命的！

好！我去！

少啰唆，一群不知名的家伙正在战斗！

而我这个冠军要是就那样溜走，会被天下人耻笑的！

到了附近，你把我扔过去就行了。

还……还是有点儿害怕……

啊？真的吗？

把你带到附近就行了吧？

嗯！麻烦了！

ドガッ

嚓！

162

停止
‥‥

我叫你们
停止！

好了，沙鲁少
年们！游戏到
此结束！

如果你们高
兴就杀了他
们吧！

嘿嘿‥‥
就差一点
点了！

太好了！只差一点点……

去吧！

动手！杀死他们！

坏了……扔得太远！

……人造人

咦？

咚！咚！

孙……孙
悟饭……

为正义而战
……绝不是
罪过……

有些人是
不能跟他
讲道理的

放下包袱，
自由地发泄
愤怒吧……

我很明白你
的感受
但不要继续
忍耐了……

……

请……保护
我所喜爱的
大自然……
和动物们……

不错的忠
告！

但我有自
己的方法

……

让你啰唆！
废物！

グシャッ

嘿呀啊啊啊——

请继续欣赏：第四百零八回　孙悟饭爆发！

嘁！

这就是你的真面目吧！真让人兴奋⋯⋯

嗯？

你……仙
豆……

172

……咕咕

嗵！

呵呵……

的确……

的……

……咿咿咿

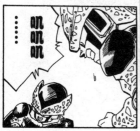

嘿呀呀呀—

178

最后，愤怒的悟饭力量大爆发！轻易地解决了沙鲁少年，即将与沙鲁展开全面对决！在这之前，先来欣赏刊登在《少年JUMP》周刊上的扉页，并期待悟饭与沙鲁之战吧！

DRAGON BALL

鳥山明 BIRD STUDIO

龙珠

第三百九十九回
最高水平的决战

空前激烈的战斗！

DRAGON BALL

龙珠

第四百回
失败就要死！

DRAGON BALL

龙珠

第四百零二回
孙悟空的行动之谜

决断的时刻！

DRAGON BALL

BALL 龙珠

鳥山明
BIRD STUDIO

下一个是谁？

DRAGON BALL 龙珠

第四百零六回
16号的秘密武器

偶尔回忆起那些快乐的往日时光……如今已是陷入战斗之中，已不能再回到从前！

鸟山明
BIRD STUDIO

DRAGON BALL

龙珠

鸟山明 BIRD STUDIO

第四百零七回　沙鲁少年的地狱

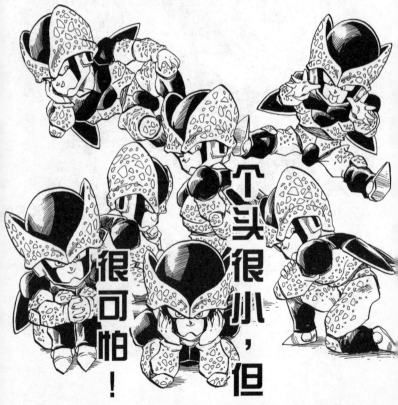

DRAGON BALL
龙珠

第四百零八回
孙悟饭爆发!

救世主!
他的名字叫悟饭!

图书在版编目（CIP）数据

龙珠.34 /（日）鸟山明著；牟琳等[译]
少年儿童出版社，2005.7（2012重印）
ISBN 978-7-5007-7519-5

Ⅰ.龙... Ⅱ.①鸟... ②牟... Ⅲ.漫画：连环画－作品－
日本－现代 Ⅳ.J238.2

中国版本图书馆CIP数据核字（2007）第029376号

著作权合同登记　图字：01-2005-3166

"DRAGON BALL"

©1984 by BIRD STUDIO

All rights reserved.

First published in Japan in 1984 by SHUEISHA Inc., Tokyo.

Chinese(Mandarin)translation rights in China (Excluding Taiwan, HongKong
and Macau) arranged by SHUEISHA Inc. through Mulan Promotion Co., Ltd.

本作品中文简体字版由株式会社集英社通过日本风车影视文化发展株式
会社授权中国少年儿童新闻出版总社（中国少年儿童出版社）在中华人
民共和国（台湾、香港、澳门地区除外）独家出版发行。

LONGZHU 34

出版发行：	中国少年儿童新闻出版总社
	中国少年儿童出版社

出 版 人：李学谦	执行出版人：申平华
作　　者：鸟山明	译　　者：牟 琳等
责任编辑：尚万春	责任印务：郎 建

社　　址：北京市东四十二条 21 号	邮政编码：100708
总 编 室：010-64035735	传　真：010-64012262

http://www.ccppg.com.cn　　E-mail:zbs@ccppg.com.cn

读者服务热线：010-65544121

印　　刷：北京机工印刷厂

开　　本：740×970　1/32	印张：6

2005 年 7 月第 1 版　2012 年 8 月北京第 22 次印刷

印　　数：220001 – 225000 册

ISBN 978-7-5007-7519-5 / J·851　　定价：9.80 元